Lyrik in den Jahreszeiten

Alles eins. Das Schöne ist,
wenn du alles eins siehst,
wird dir bewusst,
dass es keine Unterteilungen
mehr gibt.

Tiziano Terzani (1938-2004)
italienischer Journalist
und Schriftsteller

Erich Meyer

LYRIK
in den Jahreszeiten

G e d i c h t e

Copyright © 2016 Erich Meyer
Hamburg
Zweite, veränderte Auflage 2018
Alle Rechte vorbehalten
Bildnachweis:
Birgit Kuntz, Hamburg
Umschlaggestaltung und Satz:
Marlene Schlund, Hamburg
Herstellung und Verlag:
BoD – Books on Demand
Norderstedt
ISBN 978-3-7392-6257-4
Buchtitel:
Lyrik in den Jahreszeiten

INHALT

Vorwort	**9**
Gedichte	**11 – 123**

blau – des frühlings tage

verwehtes schleiergrau	11
erwarten	12
im park	13
ein neuer garten	14
zum frühlingsanfang	15
des frühlings weile	16
frühlingsträumen	17
frühlingszauber	18
narcissus poeticus	19
zu dem hellen tag	20
goldflieder im regen	21
euch die welt beschenkt	22
schaut in den nahen garten	23
abendweile	24
waldveilchen	25
im garten der pfingstrosen	26
maientag	27
wie ein malachit	28
maienabend	29
vom mondenbaum	30
der gartenort	31
des morgens blume	32

sommerweit – das träumen

sich die himmel seiden	33
harmonie	34

meine zauberische rose	35
sich die stunde schenkt	36
strandrosen	37
sommertag	38
im dahliengarten	39
im rosenwinkel	40
melancholie des glücks	41
sonnenträume	43
verstecktes blau	44
mir träumt	45
das gelbe sonnenröschen	46
die schmetterlingsweide	47
sommerlust	48
spüre – lebe	49
manch stunde ich geträumt	50
mit dem sommerwind	51
kleine wilde rose	52
das kind mit seid'nem haar	53
blütentanz	54
sonnengold'ne rosen	55
sternenblumen	56
abschied	57
sommerabend	58
dein name	59
der tag war reich	60
geh' in deinen garten	61
bei der kleinen bucht	62
unser lieben	63
golden schwebt ein himmelstraum	64
zur traumgeweihten nacht	65
der rosen seid'ner traum	67
des blühens letzte tage	68
bunt gemalte bilder	69
melancholie und lichtgesang	70
einst vergeht	71

herbsterfüllt – die gärten

herbsterfüllt – die gärten	72
lächelndes erinnern	73
erfüllt	74
dein bunter drachen	75
blätterregen	76
herbstlicht	77
am schmetterlingsbaum	78
herbsteslichter	79
morgen	80
der lese zeit	81
herbstesfüstern	82
vom vogelbeerbaum	83
am weg	84
traumlächelnd	85
am rosengang	86
septembers weh	87
herbstwind	88
herbstesstunde	89
gold'ne herbstessonne	90
gold'nes fallen	91
zwei flammend rote rosen	92
von den chrysanthemen	93
dieses neigen	95
seine letzten Blüten	96
ferner sonnenklang	97
im schlossgarten	98
weilen	99
gewitternacht	100
november	101
november-elegie	102
es wird zeit	103
herbstnacht	104

winterstill – die wege

winterstill – die wege	105
wintermorgen	106
weihevoller morgen	107
zu diesem augenblick	108
winteraugenblicke	109
schnee die wiesen deckt	
wintersonnenlicht	
schweigend das geäst	
licht die fenster malt	
wie im märchenhain	110
weihnachtsmorgen	111
verklärt	112
zu der brücke	113
schauen – weilen	114
der einsamkeiten klang	116
winternacht	117
winterblüten	118
dezemberrose	119
noch deckt der schnee	120
das schneeglöckchen	121
weile	122
ein neuer himmel	123
Anmerkungen und Dank	**124 – 126**
Kontakt	**126**
Vita	**127**

**Vorwort zu dem Gedichtband
„Lyrik in den Jahreszeiten"**

Erich Meyers Gedichte in dem neuen Buch
„Lyrik in den Jahreszeiten"
sind wie leise Lieder voller Zartheit und Zauberkraft.
Sie führen in die Stille,
ins achtsame Lauschen
und verzaubern das Träumen.
Sie sind voller Sonnenlust und Sehnen
nach „der Dinge eingewohnter Kraft".
Seine Verse bewegen
die „elementaren innerlichen
Vorgänge. So laden sie ein:
sehet – schauet – höret –
lauschet – spüret – träumet".
Sie verlocken dazu, ganz da-zu-sein, ungeteilt –
mit allen Empfindungen,
Erfahrungen und Hoffnungen.

Sie erinnern mich an Paul Gerhardts Lyrik,
in der die Bilder der Natur
durchscheinend werden
für das innere Wachsen und Reifen,
für Loslassen und Geborgensein.
Und für alles, was das Herz weitet
und den Himmel öffnet.

Helge Adolphsen
Hauptpastor em.
– Hamburg 2015 –

Gedichte

BLAU – DES FRÜHLINGS TAGE

verwehtes schleiergrau –
sich die helle sonne
in die frühe hebt –
blau – des frühlings tage

erwarten

von fernen gärten weht
ein silbern-zartes tönen
flötenklänge blauen
in des tages lichte

wolkentanz im wind
seidengrünes weben
ringsumher –
anschwillt – der düfte süße

der frühen blüten sehnen
die heit'ren lüfte streift –
sich öffnend – des erwartens
bunt gemalter fächer

flötenklänge blauen
in des tages lichte –
sich die sinne heben
aufweht – der gärten tür

im park

aufscheint – zum neuen tag
ein violettes licht –
sich zum sonnenklang bekränzt
der erstand'ne frühlingstag

melancholie berührt
zum abschied diesen ort
lächelt still zum park
der ihr wohlgetan
da die tage schwer gegangen

der birken weißes flirren
in den tag sich tanzt –
die leichten windesröschen
tuscheln im versteck

eine lichterfüllte Frau
einen gold'nen zweig
mir bricht –
wahrhaftig dieser tag
wahrhaftig – alles träumen
zum erstand'nen frühlingstag

ein neuer garten

es treiben alle zweige
ihre frühen blätter
in den lenzenblauen tag –
am weg – der krokus blüht
zur hellen sonnenflut

verweht
schneeglöckchens letztes lied
zum weiten wiesengrund –
leuchtend – in den tag
der himmelsschlüssel schließt
des frühlings garten auf

ich betrete diesen garten
noch verborgen
seines blühens zauber
noch warte ich
der hohen rosen schein

ein stilles ahnen
meine seele rührt –
dass ein neuer garten
mir erblüht

zum frühlingsanfang

sich die blauen himmel zeigen
zuwehen – weiße schleier
noch rauer reif auf spröden zweigen
die sonne spielt im nahen weiher

der krokus zu den wegen träumt
sein violetter schein
des tages anbeginn besäumt
sich leise regt der frühlingshain

ich hör' der helle leisen sang
er sanft den park berührt
ich hör' der hoffnung stillen klang
ich spüre – dass mein weg geführt

des frühlings weile

als sei ein stiller zauber
in die welt gekehrt –
ein selig-süßer traum
in die gärten weht

wie von feiner seide
das gewahrte blatt –
der blüten zarter schimmer
die blauen lüfte streicht

welch verklärtes lied
zu des tages helle –
welch sonnenlied
zur weile klingt

als sei ein stiller zauber
in die welt gekehrt –
ich schaue dieser weile
die sich selbst erfüllt

frühlingsträumen

alle welt
in blütenschaum gehüllt –
mich durchwogen
zaubersame klänge
sonnenlieder wehen
in die gold'ne fülle –
welch selig-süßes träumen
dieser tage liebreiz küsst

alle welt
in blütenschaum gehüllt –
die himmel – weit geöffnet
aller liebe träume
in die blaue sehnsucht schweben

frühlingszauber

sonnengolden – die narzissen
in den wiesen leuchten –
umher – ein helles flirren tanzt
es träumt – des himmels blauer glanz

aufbricht – des frühlings garten –
der tage – in die zeit
ein heit'rer zauber zieht
des frühlings garten – er durchwogt

anschwellen – weit die knospen –
zu allen winkeln weht
des zaubers buntes klingen –
welch wundersame zeit

der frühlingsweile garten
welch wundersamer ort –
ich höre seiner farben lied
ich schaue seiner klänge bild –
frühlingszauber

narcissus poeticus

welch betörend süßer duft –
sich ein heiteres entzücken
in die sinne hebt –
welch selig-süßes träumen

wohl liebkost die hohe sonne
der weißen blume augenstern –
als küsste sie – der liebe gold'nen mund

aufblüht – der weite erdengrund
als glänzten tausend lichter
zu der nahen welt –
der sonne leuchten zu umfassen
ein schönes mädchen greift
in die weiße blütenpracht

welch betörend süßer duft
welch heiteres entzücken
meine sinne heben –
doch ein leises klagen mich beschwert
als hörte ich von weitem her
das weinen der Persephone

zu dem hellen tag

als sei der helle tag
in einen seidengrünen traum gehüllt –
sich weit verströmt
der sonne glanz
gelassen – sich der weiden zweige wiegen
im sanften windespiel

als sei der helle tag
in einen seidengrünen traum gehüllt –
sich das erste blühen regt
zärtlich – wie der frühen liebe hauch –
sich weiße wolken
zu dem himmel malen

mich dünkt – ich schaute
einen sel'gen himmel
als sähe ich gebreitet
Mariens himmlisches gewand –
mich rührt – ein heiliges geborgensein
zu dem hellen tag

goldflieder im regen

wie ein seid'ner schleier
still der regen fällt –
zärtlich ihn berührt
der leise morgenwind

umher – des märzens stunde
in sanftes grau gehüllt –
als träumte leis'
melancholie

noch schläft – des goldenflieders grün
noch scheu – der anemone schein
zu dem wiesensaum –
versteckt ein rinnsal rauscht

als träumte leis' – melancholie
sich des flieders gold
in den stillen regen
malt

euch die welt beschenkt

zu der stunde fallen
alle blüten – zu dem ort
in des abends glühen
sanft gehüllt

höret ihr
den seid'nen sang
der leise
in den abend klingt
als sei's ein lied
aus unbekannten gärten?

wundersame stunde
wundersame welt

sehet – schauet
höret – lauschet –
spüret
in die welt

schaut in den nahen garten

es zaubert der magnolienbaum
seinen rosa-weißen traum
in den nahen garten

es weht ein leiser frühlingshauch
streift zärtlich den noch jungen strauch
spielt mit des kindes haar

hört des kindes heit'res lied
es lächelnd uns zur freude gibt
welch frohgemuten sinn

wohl fühlt das kind den blütentraum
den zauber des magnolienbaum'
der winde leichten tanz

wie schwer uns manch ein tag berührt
schaut wie das kind – im kleinen spürt
schaut in den nahen garten

abendweile

sich die abendröte
an die fenster malt –
die efeuranke streift
der leise abendwind

abblasst – der himmel
die schwalbe zieht
zum nahen walm –
einkehrt – die abendweile

sonnenrot
der garten träumt –
rosa apfelblüten

waldveilchen

zum waldesschatten steh'n
verborgen – still die veilchen –
leis' die zweige weh'n
die winde sanft die blüten streichen

ich schaue diese stunde
lausche in den maientag –
'all umher ich spür' die kunde
alles blühen – sich erheben mag

im garten der pfingstrosen

die frühlingsblauen lüfte weh'n –
die sanften lindenzweige
ihren stillen frieden
in den garten schreiben

ihr golden-weißes scheinen
die sonne gibt dahin
des blühens wohlgemut
des blühens zuversicht

so alles blühen
ins gewahren wächst
als strömte in den garten
ein selig-helles licht

erfüllt
die weiten rosen
den nahen weg
besäumen

maientag

sieh' die blumen blüh'n
baumumstanden unser haus –
sonnenglanz zum tag

tausendschönchen weh'n im gras
der weg hinauf – maiengrün

wie ein malachit

die maienblätter rauschen
'all – des himmels blau –
sich der sonne schein
in des tages stunde webt
der blüten gold'ne stäube weh'n

welch weite mich erfüllt
welch tiefe mich berührt –
mein spüren
sich zum lichte kehrt
der freude glanz entgegen

die maienblätter rauschen
'all – des himmels blau –
ich wähne – erden sich
und himmel einen
schenkend – sich zum tag

'all wächst des lebens zuversicht
'all zieht der hoffnung strömen –
leuchtend – wie ein malachit
sich die liebe breite

maienabend

der sammetblaue flieder
sein gezweig zum zaune neigt
noch beschwert
vom regentage –
ein kühler windeshauch
sein geblatt umstreicht

von des goldenregens
träumenden kaskaden
nasse tropfen fallen
in das abendtaue gras –
in die gelben blüten schwebt
ein scheuer schmetterling

leuchtend
zu des tages abschiednehmen
der sonne wiederkehr –
umher der rhododendron knospet
silbern glänzet sein geblatt
kastanienrot
den weg durchwogt –
zu einer kurzen weile
der abendschatten spiel

sanft – den maienregen
die sonne aufgelöst –
die blaue stunde
in die nacht geleitet
diesen fühlingstag

abgeschieden – alle stille
maienabend

vom mondenbaum

mich die blaue nacht berührt
die weiten himmel
streuen sternenflimmer
die lüfte wehen – dufterfüllt –
zum wege träumt der mondenbaum
einen weißen blütentraum

in die blaue nacht
mich mein weg geführt
wohl träume ich
still mit dem mondenbaum –
im silberschein der elfen tanz
die feen schmückt
ein weißer blütenkranz –
welch wundersamer tanz
zur nacht

wohl träumte ich
still mit dem mondenbaum –
die lüfte wehten
dufterfüllt

ich kehrte heim
da früh die dämmerstunde –
noch spürte ich
der blüten klang –
noch ziert den mondenbaum
sein weißes blütenkleid
ehe seine silberzweige
sonnenrote früchte tragen

der gartenort

silberregentropfen
mondenschein
fällt in die nacht
das geblatt
im schweigen harrt
die erdengräser
hängen schwer –
abgekehrt
der gartenort

allein
zur stille weile
der syringenstrauch
verlass'ner duft
zur silbernacht –
einsam weint
der gartenort

allein
der stille ort
die erdengräser
hängen schwer
wehmut rührt
die leise nacht
melancholie –
abgekehrt
der gartenort

des morgens blume

der drossel früher laut
zu dem off'nen fenster klingt –
von dem stillen reet
sanft der regen rinnt

ich trete zu der tür hinaus
lausche – in den augenblick –
welch weile mich umhüllt
sie sonderbar – entrückt

sich im dämmerscheine
zarte blüten schmiegen –
sich die maienzweige
leis' im winde wiegen

noch streicht des morgens kühle
ins haus – ich kehr' zurück –
noch fühle ich dein fragen
des morgens blume – ich dir pflück'?

SOMMERWEIT – DAS TRÄUMEN

sich die himmel seiden
sommerweit – das träumen
sonnenweit die zuversicht –
gold'ner schein
der sommernacht

harmonie

aufsteigt – das morgenlicht
sein rosa-matter schein
die blauen nebel rührt –
die nahen bäume
still – gelassen

wie rein der augenblick
die nahe welt
in sich gekehrt –
welch schauen
still – gelassen

verborgen klingt
ein leises lied –
das lied – der harmonie

meine zauberische rose

träume – meine rose
träume in den tag –
schenk' dein helles leuchten
in die nahe welt

träume – meine rose
träume zu der nacht –
deiner blüte duft
in die stille wehe

schenke mir dein blühen
schenk' mir deinen traum –
meine zauberische rose

sich die stunde schenkt

leise weht der wind –
ihr seidenschwarzes haar
eine rote spange hält

von des weges saume
bunte blumen sie sich pflückt –
sie zum strauß das blühen windet
versonnen – sie zur sonne weilet

blau umweht – der tag
träumend
sich die stunde
schenkt

strandrosen

bunte segel
in das blau gemalt
wie still die wolken zieh'n –
sanft – die wellen streichen
zu dem ufer hin

der laue sommerwind
die weißen dünen rührt
sich die weiten gräser wiegen –
hell – der sonne glanz
und die rosen träumen
zu dem nahen strand

sommertag

weit – die wasser träumen –
die blauen himmel
diesen tag besäumen

sonnenglanz – die welt berührt –
des Helios' geweihtes licht
zum zenit die reife führt

viriditas –
es keimet – wachset – sich erfüllt
der dinge eingewohnte kraft

im dahliengarten

zum gartenrund
die dahlien blüh'n
welch leuchten weit und bunt –
ringsumher – des sommers glüh'n

welch weite mittagsstille –
manch leises sehnen weht
in des tages blaue fülle –
sich kein laut erhebt

welch leuchten zu dem garten –
der dahlien blüh'n ich schau'
wiederkehrt so manch erwarten
manch träumen zu des sommers blau

im rosenwinkel

verborg'ner traum
der julirosen
verborgen – zu der sonne licht

verborgen – zu der nähe glanz
der sehnsucht
stiller traum

des sommers rosen –
keiner weiß des and'ren traum
– still die blüten weh'n

melancholie des glücks

die weiten wolken zieh'n
ziehen still zuher
ich hör' der wasser rauschen
hör' der weiten wellen spiel
ich fühl' die ufersande
spür' der winde leisen hauch –
zu den hohen lüften
träumt der schwalben flug –
nah' die rosen leuchten
zu dem sommerstrand

ich hör' verstecktes kinderlachen
träume still
– als bliebe steh'n
der zeiten lauf –
des augenblickes ewigkeit

bei dem schmalen steg
stehen frauen hell im licht
schau'n den weißen segeln nach –
eine gold-beglänzte taube
streift im ufergras –
wie treulich – diese weile

wie erfüllt
der ort –
ich spür'
des glückes seligkeit

die weiten wolken zieh'n
ziehen still –
wer weiß
wohin

wer weiß – wohin
wohin die weilen zieh'n –
ich spür'
ein sanftes fühlen
als rührte mich
melancholie

und nah'
die rosen blüh'n
wie ewiglich
der augenblick –
bleibe dieses glück

sonnenträume

wellenspiel
weiße sande
blau entgrenzte welt
sonnenträume

tanz
betörender najaden
frauenhaar

sonnenträume –
weite seligkeit
– gold'ner lichterquell

verstecktes blau

ich schau' das gold
der sommerähren
lausch' dem wind
zum grase –
sonnenreif – die halme wiegen

zwischen gold und grün
einen schmalen weg
ich find' –
die sande weich und warm
weit – die wolken zieh'n

abgeschieden – dieser weg
still die stunde
mich umhüllt –
leis' mich rührt
der augenblick
abseit – ich schau'
ein unberührtes blüh'n –
welch verstecktes blau

mir träumt

mir träumt – ich sei der wind
der des sommers tag
über alle rosen weht –
die zum leisen klang
sich wiegen

weit die wolken zieh'n
malen sich vor's hohe blau
sie sich teilen – sich vereinen
ihres heit'ren spiels –
mir träumt – des leuchtens schein

versonnen sich die wasser rühren
der schimmernden gestade
mir träumt – ich wehte still zuhin –
grenzenlos der welten ort
mir träumt – ich sei der wind

das gelbe sonnenröschen

als träumte weit die stille
über's heideland
– ein zärtlich-blauer himmel
des mittags stunde
leis' verklärt

ringsum – welch birkenweißes flimmern
die lauen lüfte rührt –
aufsteigt – ein leuchtender milan
sich hebend in die einsamkeit

schweigend – die wacholder steh'n
sich kein windhauch wiegt –
die rosa heide – still
als schliefe sie
zwischen sand und stein

zum wegerand
einer blüte gelber schein
– als hätte sich die sonne
selbst verschenkt
mit ihrer liebe licht

in diese leise welt
mich mein schauen führt –
mir dünkt
als strömten mir ins herz
gelassenheit und zuversicht

die schmetterlingsweide

sie schweben über's weite blüh'n
verlieren sich im sommergrün
zu weilen seiner süße dauer –
sie alsdann – ihr leiser flügelschlag
in die blauen lüfte trägt

welch bunter tanz
zu allen blüten
welch heit'res spiel
zu allen farben –
wie festlich malt der sonne glanz
diesen trauten ort

sommerlust

ehrenpreis und duftende kamille
ein müder schmetterling
am morschen zaune rastet –
fingerkraut und rispengras
wuchernd – alles sprießen –
der rosen sprödes holz
fiebrig-rotes blühen
in die tageshelle drängt –
sommerglühen

es zwirrt und blinkert in dem garten
es kreuscht und huschet im versteck
es wispert leis' der wind
es regt sich sanft ein flügelschlag –
sommerreigen

auflese ich – vom wege
einen schmalen birkenzweig
der vom baume sich gelöst –
so schreibe ich
zu wolkenlosem himmel
in den warmen sand
dieser tage wort –
sommerlust

spüre – lebe

leise weht – des sommers lichter tag
kamillenduft die wege streift
die winde wiegen – nah' den roten mohn
träumend zieht ein schmetterling –
als schriebe denn des sommers weile
diesen augenblick
in des schöpfens buch

dieser augenblick
zu der welten lauf
zu dem ganzen
er sich fügt –
denn alles – alles kehrt
in des Äons garten ein

leise weht – des sommers lichter tag
träumend zieht ein schmetterling –
wie heiter – diese nahe welt
– ins erinnern sie sich malt –
spüre – diesen augenblick
lebe – deine weile
– die geborgen
zu der ewigdauer

manch stunde ich geträumt

es leuchtet meine heide –
schon als kind – sie mich entzückt
manch sommerrote blüten
zum gebinde ich gepflückt

manch stillen tagestraum
zur stunde ich geträumt –
noch weiß ich um den birkenbaum
in dessen schatten ich geträumt

den heit'ren sommertag
noch immer malt der himmel blau –
auf der morgendlichen heide
noch immer liegt – der frühe tau

manch rote heideblüten
zum gebinde ich gepflückt –
eine leise freude
noch immer mich beglückt

in den tag zurück
noch kehret manch ein traum –
ins erinnern er gehüllt
noch weiß ich – um den birkenbaum

zur heide –
manch ein stiller traum

mit dem sommerwind

blau die himmel sich verklären
stilles träumen zu den wegen zieht
als schwebte leis' ein schmetterling
über's weite blühen

als klängen zu des tages mitte
zum erhabenen zenit
lichtengold'ne töne –
sonnenblumen – sich im winde biegen

süße düfte sich entbreiten
wie zauberisch der ort mir ist –
als spürte ich des südens hauch
laue lüfte mich umweh'n –
meine seele träumt
mit dem sommerwind

kleine wilde rose

ich pflückte sie
die kleine wilde rose

schweben
fallen – in des rinnsals
sanftes strömen

leise
sich die winde rühren
einsam
sich die brücke spannt

kleine wilde rose –
warum brach ich dich?

das kind mit seid'nem haar

zu dem nahen hang
der goldenregen fällt
träumend – sich sein blühen wiegt
und in den stillen garten – weht
ein kleiner schmetterling

ein kind mit seid'nem haar
zum blauen brunnen spielt –
seine kleine hand
greift nach dem schmetterling
doch der bunte gartengast
mit dem winde zieht

das kind mit seid'nem haar
vom brunnen wasser schöpft
in einen weißen krug –
trägt achtsam – ihn zum tor –
mit einem heit'ren lächeln
es die rosen netzt

und wieder weht
ein kleiner schmetterling –
in den stillen garten

blütentanz

in den weiten gärten
reich der blüten zahl –
welch bunter reigen
sich erfüllt
des lichten sommertags

die tageswinde wehen
rühren weit
das bunte blüh´n –
welch heit´rer blütentanz

sonnengold'ne rosen

sonnengold'ne rosen –
sie im stillen garten blüh'n
leuchtend – zu des tages glüh'n

sonnengold'ne rosen –
sie im sanften winde wiegen
zärtlich – sich die blätter schmiegen

sonnengold'ne rosen –
sie so nah' mir sind
als fühlte ich – des sommers kind

sternenblumen
– von den blauen astern –

sommerspät
die sonne wärmt
das spröde berggestein –
die gräser weh'n
im lauen wind

zum stillen weg
der sternenblumen
blauer schein –
ihre blüten
sternengleich
der vergang'nen himmel
sagen

einst
die heil'gen götter
streuten gold'nen sternenstaub
zu der erden weite –
still aufbrachen
nah' – die sternenblumen

ihre lichten blüten –
ferner himmel träumen

abschied

der alte garten
still – verlassen –
einsam weht der wind
ins gezweig
der blassen föhren

zu dem alten weg
den allein noch weiß
des erinnerns schauen
noch der rhododendron glüht –
als sagte er zuher
von des gartens
fernen sonnen

zu dem alten garten
ich wehmütig – schau'
still – die wolken weilen
zu dem augenblick
– als rührten tröstlich sie
zum abschied
haus und garten

sommerabend

zum tale blüh'n – die veilchen
sie ein zarter windhauch weht –
sich die gold'ne abendsonne
auf die wiesen legt

von den nahen hängen
sanfte schatten fallen
ein rosa wolkenstreif
den himmel rührt

ich spür' des tages neige
des sommertages frühen schlummer –
mich eine leise wehmut streift
gelassen – wiegt das veilchen

dein name

leis' die tagessonne
sich zum abend neigt –
ihre sanften strahlen
auf den see sich legen
seine wellen – still sich wiegen

schweigend – steh'n die bäume
zu dem ufersand –
sich kein zweig im winde regt
die abendfrühen falter
schweben – über's sommergras

wie unendlich
mir die welt –
als rührte mich
ein stiller traum
der ein tiefes glück
in seinen händen hält

wie nahe deine seele
deine seele mir –
als wehte leis' dein name
in den abendglanz

der tag war reich

der tag war reich
an sonnenglut

aufweht – ein kühler windeshauch
er der zweige laub durchweht –
für eines augenblickes weile
einhält – ein wundersames schweigen
– und wiederkehrt – des windes wehen –
die abendstunde – wolkenschwer

zu der wetter dunkel
den golden-roten lilien
ein sonnenreicher glanz entströmt –
erhaben – dieses lichterspiel
– leis' vergeht – der winde rauschen –
die abendstunde – wolkenschwer

schon fällt ein sanfter regen
in die abendstunde –
verweht
des tages glüh'n

geh' in deinen garten

ich schenke dir ein stück
vom blauen abendhimmel
den mein sehnen
leis' geküsst

der sterne helles leuchten
die weiten rosen
still berührt –
in ihrem schein
das hoffen wartet

ich schenke dir ein stück
vom blauen abendhimmel –
spür' der winde
sanftes weh'n
das meine träume
zu dir trägt

geh' in deinen garten
schau' den abendhimmel
schau' der sterne licht
– es von meinen rosen sagt
meiner liebe traum

bei der kleinen bucht

alle möwen schlafen
zu der leisen nacht
zu dem nahen hafen
die boote festgemacht –
sich die fischer trafen
mit den frauen sie gelacht
sie beisammen saßen
zu der frühen nacht

unser lieben

leis' die nacht
den abend zugedeckt
verglüht – der weite strand
vom meere her
die kühle wehte

ich sah in deinen augen
einer stillen wehmut schmerz –
kein rauschen zu der palmen weg
der mond – allein

schweigen
unser sagen war –
berührte dich
ein früheres erinnern?

vorüber –
unser lieben
noch zu früh?

golden schwebt ein himmelstraum

schweigend stehen baum und strauch –
leise weht ein nebelhauch
er die nacht berührt
zärtlich – sie verführt

golden schwebt ein himmelstraum
ihn allein die stunde weiß –
tausendschönchen – schlummern still zum saum
lichtgeborgen – ihrer blüten kreis

schweigend stehen baum und strauch –
leise weht ein nebelhauch
er die nacht berührt
zärtlich – sie verführt

golden schwebt ein himmelstraum
ihn allein – die liebe weiß

zur traumgeweihten nacht

der hohe mondesschein
sein traumgeweihtes licht
streut in den späten park –
der weiden weiß ummalte schatten
sich kehren vor die blaue nacht

im zwieen flimmer raunen
die nachtverklärten wasser
zu der anemonen grund –
fern – der tagesstunde
der blüten weiße stille

wie blauer seide glanz – ihr haar
sie eine blaue blume
in ihren händen hält –
gelassen weh'n die weiden

sie ins schauen führt
ihr sinnen und ihr spüren –
sammeln – lösen – trennen
suchen – finden – einen
ihres schauens sinn

aufbricht – die blaue blume
die sie in den händen hält –
aufblüht – ein stilles leuchten
sich wundersam verströmt

welch leises sehnen
nach des lebens glück
nach der liebe welt
alles blühen ist –
davon – die blaue blume sagt

Melancholia –
fern der tagesstunde
sie die blaue blume
gelassen – in den händen hält
zur traumgeweihten nacht

der rosen seid'ner traum

sommernacht –
der rosen seid'ner traum
den stillen garten rührt –
sanft – die winde weh'n
die mondbeglänzten blüten

es ruht die nahe welt –
hingab – dem schlaf der nacht
sich der weile dauer –
sommernacht

der rosen seid'ner traum
den stillen garten rührt

des blühens letzte tage

erstes ahnen
früher herbstestage

die sonne träumet
einen stillen traum
den in gold'ne schleier
sie zauberhold gehüllt

das späte sommerlaub
des bangen abschieds singt –
singt eine zarte melodie
zu des blühens letzte tage

und meine weiten rosen
sich ans erfüllen schmiegen

bunt gemalte bilder

bunt gemalte bilder
in die neige sie gestellt –
die blauen himmel
weit getan

als träumte sich
ein zauberischer traum
in die nahe welt –
dieses träumen
mich umhüllt

ich spür' des sommers
letzten traum
den allein – er träumt
ich höre seiner blüten lied
das da leise klingt

bunt gemalte bilder
in die neige sie gestellt –
die blauen himmel
weit getan –
welch leuchten
in den tag

meine seele
sie ist still beglückt

melancholie und lichtgesang

wie ein leuchtender kristall
sich der blaue himmel wölbt
voll reinheit und empfänglichkeit
als malte sich der schönheit licht

rot – die vogelbeeren glüh'n –
im glanz der sommerspäten sonne
die weite stille – traumerfüllt –
der wilden rosen blüten
sanft der wind verweht

alles blühen denn vergeht
zu der tage angesicht –
verklärend – sich ergießen
melancholie und lichtgesang

mich ein leises beben rührt
als spürte meine seele
ein fernes irgendwo –
wie im traume
ich verspür'
– melancholie und lichtgesang
zur helle schein verfließen

einst vergeht

fallen – sommermüder blätter
frühes fallen
zu des gartens tür
mild – der sonne scheinen

noch malt das blau
der tage stunden aus
noch ist mir nah'
des sommers licht
noch streift mich nicht
die wehmut früher herbstestage

sich anhebt – ein nahes rauschen
raunend – das geblatt
der weiten sonnenblumen –
ihrer blüten kreise
tanzend – einen leisen tanz

die weiten sonnenblumen –
sie des sommers
erstes weichen spüren?

in die zweige fällt
ein steiler wind –
ein rosenblatt
zum wege weht –
hoch – die wolken eilen
eilen fern dahin

kein bleiben ist's
kein ewig weilen –
denn alles
einst vergeht

HERBSTERFÜLLT – DIE GÄRTEN

herbsterfüllt – die gärten
die sonne alles fallen küsst –
schaut der tage leuchten
haltet inne – dieser zeit –
abschiedswehen

lächelndes erinnern

sonnenblau
milde des herbst'
blättergold
melancholie
der späten rosen
träumende wasser

die weiten gärten
verweht
des sommers spuren
lächelndes erinnern –
abschiednehmen

erfüllt

erfüllt – der reife tage
die rote sonne
sich noch einmal breitet
zärtlich sie berührt
die bereite frucht

müde – nach des sommers tage
matte blätter fallen
wehen leise fort
dem frühen herbst entgegen –
noch einmal lächeln sie
dem erinnern zu

schwer und weit
die satte frucht
ihrer nahen ernte wartet –
sehet hin
die bunten kinder
ihre körbe füllen

dein bunter drachen

hell die herbstessonne
schau' – mein kind
die wolken tanzen
tanzen – zu dem wind –
lass' deinen bunten drachen
mit den lüften zieh'n

blätterrregen

blätter – blätter
ich mache blätterregen

glühend-rote
wangen

blätter – blätter
ich mache blätterregen

leuchtend-weite
augen

blätter – blätter
ich mache blätterregen

bunt-umwehtes
haar

blätter – blätter
ich mache blätterregen

sonnig' kinderlachen
im wirbelnden laub

herbstlicht

sonnenwolken leuchten
mein park im golde fließt
mich umspielen tausend lichter
mich umwehen heit're lieder
von den wegen klingt
helles kinderlachen
in den nahen hecken
die letzten rosen glüh'n

am schmetterlingsbaum

meine bunten schmetterlinge
spielten heiter – im gezweig –
sie spielen nicht mehr

sie schwebten
mit dem seichten wind –
sie schweben nicht mehr

sommerfroh – die blätter
zu dem wege tanzten –
sie tanzen nicht mehr

müde – das gezweig –
seine welken blüten
still – zur erde fallen

sanft – der sonnenschein
gras und zweige küsst –
zärtlich – dieser kuss

ich spüre
zu den wolken hin
zu der sonne licht –
mich ein sanftes ahnen rührt
als sänge leis'
die herbstessonne
– einer stilllen wehmut
lied

herbsteslichter

golden fall'n die herbsteslichter
fallen – in die nahen wälder
streichen zärtlich das geblatt –
in ein stilles leuchten
sie die tage hüll'n

leise weint
das letzte sommerblüh'n
weinet leise
um des sommers
reiche zeit

in ein stilles leuchten
die tage nun gehüllt
wie milde – gehen sie herfür –
weine nicht
mein letztes sommerblüh'n
schau' – welch gold'ner glanz
der herbstesblätter

morgen

morgen
sonne träumt
den tag
aufsteigen schleier
wehen
reben
süßes warten
rosen
zum verschloss'nen tor
steig
hohes blau
morgen

der lese zeit

fülle –
sich die trauben sehnen
nach der lese weile –
leise streicht der morgenwind
über's herbstgeblatt

stille –
silbertau – zur erde fällt
die steilen gärten rührt
des tages früher glanz –
verschlossen noch
der reben ort
sich eine rote rose
zu dem tore wiegt

reife –
sich die trauben sehnen
nach der lese weile –
golden sei
der lese zeit

vom vogelbeerbaum

vom vogelbeeren-baum
einen zweig ich brach –
nahm von seiner reife
seinem lichtgeword'nen sinn
zum werte mir – die frucht

welch leuchten zu dem blauen tag
welch leuchten in das leben weist
lebensfreude – lebenskraft
bescheidenheit und mut –
zum wegesrand mein baum
mein baum der vogelbeeren
zum werte mir – die frucht

vom vogelbeeren-baum
einen zweig ich brach

herbstesflüstern

rascheln im laub
ein schnelles flieh'n
husch – welch eiliges
verstecken

blätter säuseln
fallen still herab
morgentau
vom zweige tropft

seitab ein wasser rinnt
ein häher schwebt
zur lichtung hin
verstummt – sein ruf

zum waldesrand
die grauen felder ruh'n
noch zu seh'n
der schwalben flug

wie leis'
die winde rauschen
welch wispern
´all umher

am weg

der rhododendron –
längst verwehten
seine rosaroten blüten –
in seine weiten blätter
sanft – der regen fällt

die rose –
ihre abgeblassten blüten
zu dem wege weh'n –
der wind
trägt leis' sie fort

und sanft
der regen fällt

traumlächelnd

ich trete in des abends stille
spüre leis' des tages neige
beglänzt – mein kleiner garten –
meine bunten astern

in der wege hecken
spielt ein sanfter wind
welch liebevolles rauschen –
meine herbsterfüllten blätter

ich geh' hinan zum nahen wald
kein windhauch hier
die zweige rührt –
mein schützendes geblatt

mich umhüllt – ein zartes klingen
wie still ist meine welt
gelassen – meine seele zieht
der frühen nacht entgegen –
traumlächelnd – meine astern

am rosengang

noch tragen meine rosen
ihren rosaroten schimmer –
ihr spätes grün umweh'n
die gold'nen herbstesblätter

sich die lichten wolken
schreiben – in den augenblick
als schwebte sanft – ein wort
in die verwehte sommerzeit

noch tragen meine rosen
ihren rosaroten schimmer –
ein stilles träumen – tröstet mild
die wehe herbstesstunde

septembers weh

die graue spinne
hastig webt ihr netz zuher
in den frühen tag

herab – tautropfen fallen
leise – des septembers weh

herbstwind

herbstwind
weht durch wald und wiesen
sonnenwolken
sich zerlösen
schleierhauch
die blauen himmel streicht

sich ein flirren regt
erst zögerlich – die blätter fallen
sich noch schmiegen
zum gezweig

wohl schwerlich denn
das scheiden ist
das gestern – noch vertraut –
wohl erspüre ich –
mich ein wenden rührt

herbstwind
weht durch wald und wiesen

herbstesstunde

wie ein träumender kristall
der weite see
am weg – der astern blauer schein
einsam blüht
die herbstzeitlose

rot glüht
der park
die sonne
alles fallen küsst

welch stille
welches träumen –
welch blauen
in die herbstesstunde

gold'ne herbstessonne

als träumten sie der tage
einen stillen traum
die weiten herbstesblätter –
sanft wehen sie hiervon
weitab – sich zu verstreuen –
irgendwo

mich wähnt –
ein leises lied
zu den lüften klingt
mählich – zu verklingen
ich weiß nicht wo

welch geheimnisvolles regen
zu der herbstesstunde

ich schau' den blättern nach
die die späten tage
zauberisch gemalt –
den trauten herbstesblättern
die eine gütig' sonne
im glanze ihres lichtes weiht –
welch gold'ne herbstessonne

gold'nes fallen

losgelöst –
dem erdenfall
dahingegeben

im gold'nen schein
geweiht –
das stille fallen

losgelöst –
dem erdenfall
dahingegeben

sich das firmament
über gold'nes fallen
spannt

zwei flammend rote rosen

zwei flammend rote rosen
am frierenden gezweig
abgeblasste blätter
in die späten gräser sinken

scheu – der regen streift
was nun vergeht
aufweht – der wind
er die rosen rührt

nun schläft der nahe brunnen
keine wasser mehr
seine weißen schalen füllen
kein sanftes rauschen mehr
in den garten klingt

leise fallen
rote rosenblätter

von den chrysanthemen

wartet auf – der lichterfüllten gärten –
die letzten sonnen fluten
in den weiten zweigen –
die noch sturmesscheuen winde
die vergess'nen früchte
auf die wege weh'n –
still – die chrysanthemen wiegen

wartet auf – der lichterfüllten gärten –
sehet – riechet – schmecket
diese wundersame welt
hört – der sonnenlieder
leisen schall –
schauet – dieser gärten

schaut – der lichterfüllten gärten –
leise – sich ein wolkenband
in des tages helle hebt
sich ein sanftes scheiden
in das neigen hüllt –
still – die chrysanthemen weinen

schauet dieser gärten
schauet ihrer lichter leuchten –
spüret dieser weile
ihrer tage stille zeit

haltet inne
dieser augenblicke –
schauet alles fallen
zu den gärten – ringsumher

wie unendlich sanft
der chrysanthemen
letzte blüten
in die gräser sanken

dieses neigen

sieh' das gelb – das rot
das noch letzte grün
hör' das leise fallen
wie es still von abschied sagt

sieh' das weite blau
das den tag umspannt
spür' die sanfte milde
wie die sonne dich berührt

hör' das leise fallen
wie es still von abschied sagt –
heilig – dieses neigen
das die nahe welt erfüllt

seine letzten blüten

herbstgrau
in die felder sank –
nebel weilen
in den hainen
frierend – steh'n die weiden
bei den nahen wassern –
einsam schweigt ein mühlenrad
einsam – in dem schilf –
ein falke kreist
zum kahlen zweig

schweigen – ringsumher
als hätt' der weite herbst
in trauer sich gehüllt –
keiner geht den weg hinlang
keiner zu der brücke weilet
sich kein windhauch regt –
schweigen – ringsumher

kühle – diesen tag geküsst
einsam – dieser kuss –
leise fällt ein rosenzweig
seine letzten blüten
ausgeblasst – zur erde sinken
bei dem alten totenmal

ferner sonnenklang

des kranichs ruf
aufwehen die gefieder –
ferner sonnenklang

im schlossgarten

sich die lichte sonne
auf die bunten blätter legt –
sich die roten früchte wiegen
flink ein gelber schnabel schlägt
ein kurzes flattern sich erhebt
dem gezweig der eberesche

weiße wolken zieh'n
sich spiegeln
zu dem weiten see –
den weg – zum schloss
magenta astern säumen
vom nahen wasser her
spitze vogelschreie dringen –
sich der kranich sammelt
zu des südens flug

umher – die herbsteswelt
als malte
eine unsichtbare hand
ins zeitenbuch der welt –
den ort
ein leiser abschied rührt

weilen

schallend – über's hohe reet
der wilden gänse schrei
sie in die wasser gleiten
ziehend ihre spur –
schmale wellenfächer
sich unmerklich leis'
im ufergras verlieren

zu der augenblicke helle
zu der heit'ren sonnenweile
aufweht – ein flüchtiges gewölk
sich blasse schatten legen
auf den weiten see –
ein wispeln
in die stille klingt

sich regt und rührt
ein sonderbares breiten
welch hauch – sich dehnt –
den wassern
schwingend – sich erhebt
der wilden gänse flug –
von ferne her – ihr ruf verhallt

gewitternacht

gewitternacht
hell-gleißend-stürzendes licht –
die tür fällt ins haus

november

harsch
die wetter
in die nächte dringen

sich türmend – trennend
rastlos treibt umher
zu der stürme wehen
das bangende gewölk –
heimatlos

zu des dunkels schein
die herbstgeweihten blätter –
letztes fallen

alles blühen
alles wachsen
alles reifen
alles ernten –
gewesen

die vergess'nen tage
das erinnern weckt
sagend – in die welt
von der zeiten endlichkeit –
vergehen

november-elegie

regenschwer – die wolken zieh'n
ziehen einsam zu dem tag
herbstesgrau – die stunden eingehüllt –
die welt
in sich gekehrt

des sommers sonnen sind verglüht
das letzte laub – verweht
die bunten reigen sind verblasst –
manch träume
sie zerrannen

eingekehrt
das sinnen dieser zeit
empor – sich das erinnern hebt
– manch heller tag
manch dunkle nacht –
die welt
des scheidens schleier
trägt

es rührt des abschieds wind
alle endlichkeit –
aller abschied sang verfließt –
gewahre still
dass auch dein lied
dereinst vergeht

es wird zeit

wie die nebel
durch die wälder ziehen –
es wird zeit

wie die nebel
durch die wälder ziehen
und die kahlen äste frieren –
es wird zeit

wie die nebel
durch die wälder ziehen
und die kahlen äste frieren
wie einsam die wälder sind –
es wird zeit

wie die nebel
durch die wälder ziehen
und die kahlen äste frieren
wie einsam die wälder sind
wie sie schweigen –
es wird zeit

es wird zeit
mein freund
wälder und nebel zu verlassen

es wird zeit

herbstnacht

blätter fallen – zu der nacht
des abschieds wind
weht leis' sie fort

nun schläft die sehnsucht
zu der nacht
träumt ihren stillen traum –
welch träumen
in noch weite stunden
welch träumen
in noch fernes blüh'n

WINTERSTILL – DIE WEGE

winterstill die wege –
des schauens weilen
zu gewahren

wintermorgen

weit um weit die bäume steh'n
schweigend zu dem wintermorgen –
die himmel – still – als schliefen sie

die frühen gärten schneebedeckt
unberührt die wege ruh'n –
keiner sah – da leis' die flocken fielen

die himmel – still – als schliefen sie
bleich die morgeneinsamkeit –
und die flocken – wieder fallen

weihevoller morgen

winterblau – der morgen –
leise fällt herab
der weiße schnee
die weiten weiher eisgefroren –
schweigend – das geäst

schweigend – das geäst –
die stille – wintergold'ne sonne
in die lichten zweige fällt –
sich ihr helles scheinen bricht
im winternen kristall –
gleißend – dieser morgen

gleißend – dieser morgen –
welch lichterfüllte stunde
sich in die weile malt –
welch weihevoller
weißer morgen

zu diesem augenblick

siehe – wie der winter zieht
sieh' die weißen flocken weh'n
wie sie streichen strauch und baum
lass' mit ihnen – deine träume schweben

lausche still – den melodien
lausche – ihrem leisen klang
ihn allein die seele hört
die von liebe – sanft umhüllt

spüre – diesen augenblick –
ich spüre ihn – mit dir
wie weit – wird uns're welt
zu diesem augenblick

winteraugenblicke

schnee die wiesen deckt
sonnengold die stunde rührt –
leis' der winterwind

*

wintersonnenlicht –
glitzern über kaltem eis
buntes farbenspiel

*

schweigend das gezweig
sich der graue himmel spannt –
tag im januar

*

licht die fenster malt
in die gasse fällt der schein –
mein schneeglöckchen welkt

wie im märchenhain

wie in weiße zauberschleier
mein naher birkenhain gehüllt
wie still der wintermorgen
kein wind die zweige wiegt

verschwiegen strauch und gräser
die wege – welch verstecktes ahnen
eisbedeckt der kleine see
mein spüren – sanft geborgen

mich dünkt –
ein wundersames lied
im birkenhain –
ein leises klingen
wie ein zauberklang

mich dieser zauberklang
berührt –
mich zu diesem augenblick
ein tiefes glück umfängt –
zu träumen – wie im märchenhain

weihnachtsmorgen

fern der welt geschäft
die himmel weit und licht
schneebedeckt die auen
die weiden stehen leis'
bei den eisgeweihten weihern

ich gehe in des morgens stunde
die sonne lächelt still zuher –
ich spür' den duft
der winterlüfte
hör' den klang
der wolkenlieder
schau' der hoffnung glanz

ich gehe in des morgens stunde
mich ein sanftes fühlen rührt
gewahre einen stillen traum
er sich in die weile malt
– eine lichterfüllte rose
zu der welt erblüht

verklärt

die weißen nebel
über feld und weite –
still umschleiert
die erblassten bäume
als schliefe – abgewandt
ein verborg'ner traum

die weiten gründe
eisbesäumt –
unendlich – dieses einsamsein
als verlöre sich
die welt

die weißen nebel
über feld und weite –
wie verklärt der augenblick
als schwebte – eine weltenseele
– zum horizont
ein roter mohn

zu der brücke

seidenweiße wolken weh'n
ziehen träumend – über feld und weg
sie in gold'nes flirren
in des morgens licht gehüllt

weit – des himmels blau
wie kalt die lüfte sind
einsam schweigt der nahe bach
das wintereis – ihn zugedeckt

von des weges brücke
leise tropfen fallen
fallen – in den sanften schnee –
welch stille mich umfängt

reifumhüllt
seh' ich eine blume steh'n
längst verweht
ihr duft –
ein winterleiser sonnenstrahl
den versteckten ort berührt

zu der brücke – ich verweile
da ich schau'
den augenblick –
seh' die blume in dem schnee
schau' des himmels blauen
spür' – der weißen wolken zieh'n

schauen – weilen

vor bleichem himmel
wie im stillen schlaf
das schlummernde gezweig –
dieser zeit
kein schallen klingt

die winterkalten felder
weißer reif bedeckt –
kein wachsen
in die tage strebt
verborgen – dieser zeit
der fernen früchte ort

ich schau' der wege
die da zieh'n –
anmutend mich – mein sinnen
wir auch wege sind
wege – die da zieh'n
so manch stiller zeit
da die welt – denn abgewandt

der wege ziel
wir schauen
suchend – zum erfüllen hin –
schatten – uns're tage decken
sonnen – in die weilen kehren
wir die schatten spüren
wir die sonnen fühlen
wir zu schatten
wir zur sonne werden

wir suchend – zu den wegen sind –
unser einkehr ziel
ins erwarten – uns sich malt –
wir zum ziele selbst
uns werden

so manch stille zeit
da die welt – denn abgewandt
wir der wege schauen –
seien wir gewiss
wir sind wege
wir sind ziel
wir sind suchen
schatten – sonnenlicht –
wir sind schauen – weilen

der einsamkeiten klang

von den abendgold'nen bäumen
schallt des vogels weiter schrei
in des tages sonnenrote neige –
in die kahlen zweige
kühl – die winde weh'n
wintergrün – die fluren –
wie still der eismond wartet
der lichterfüllten nacht

welch ruhesamer zauber
diese stunde rührt
welch einsamkeit
die mich umfängt –
mich kein laut mehr ruft
in die geschäftigkeit

sich ein leises leuchten
in die himmelsschale malt –
wie zärtlich mich erfüllt
der einsamkeiten klang
der liebevoll – mich führt
in die geborgenheit

winternacht

draußen weh'n die winde weit
abseit der nahen stadt –
leis' des mondes licht
in die einsamkeiten klingt
sie allein – das klingen hören
zu der winternacht

nebelweiß
der wege schlummer rührt
und als träumten ferne rosen
einen sanften traum
von des blühens süßem duft
– sich die stunde
still verklärt

leis' des mondes licht
in die einsamkeiten klingt –
welch milde – zu der winternacht

winterblüten

sternenflimmer rührt die nacht –
an das kalte fenster
zauberisch gemalt
blüten – wie kristall so schön
winterblüten

dezemberrose

eistropfenglanz –
abgeschied'ne blätter
als seien sie nunher
in einen ewig-weißen
schlaf gehüllt
seid'ner reif
entblühte harmonie –
nah' die hecken schweigen
blaue himmelskühle
der späte tagesmond

der verlass'nen rose
holz
kein windhauch streift –
seine letzte blüte
ein kalter kuss berührt
als schwebte leis' zuher
ein stiller abschiedsengel
der dem schauen
denn verborgen

nah' die hecken schweigen –
welch sanftes
rosa fallen
– mich das erinnern rührt –
dezemberrose

noch deckt der schnee

noch deckt der schnee
die stillen gräber zu
die hecken schlummern
zu den wegen –
die noch schweren sande
unberührt

keiner sucht
nach den verborg'nen namen
manch stein
er ist verfallen –
von den zweigen klingt
ein leiser vogellaut

ein noch scheuer sonnenstrahl
den schlaf bedeckt

das schneeglöckchen

sich zum winde wiegt
einsam
seine blüte –
kein laut umher
sich regt

noch schneebedeckt
der weg –
noch kalt
des winters zweige

seine zarte blüte
wie der schnee
so weiß –
keiner kennt
sein träumen

weile

kalte blaue lüfte
die trägen morgenschleier teilen –
durch das spröde hantige geäst
zögernd – die verklärte weiße sonne bricht

der letzte schnee zerrinnt
verfließet zu der bäche strömen
nah' – ein leises rauschen klingt –
weh der winter scheidet

noch in sich gekehrt
die welt –
warten allen anbeginns
da die knospen
schwellen – springen –
weile

ein neuer himmel

der letzte schnee vergeht
ein leises strömen streift
den winterspäten weg –
noch zögerlich die sonne
teilet – das gewölk
die winde malen blau
einen neuen tag –
ich spüre – einen neuen himmel

ich spüre – einen neuen himmel
spüre einen neuen weg
ich verlasse die gegang'ne straße
gehe einen and'ren weg –
am wegesrand – noch scheu die gräser
bald werd' ich schauen
ihr gedeihen – in den neuen tag

ich spüre einen neuen weg –
spüre – einen neuen himmel

<<<>>>

ANMERKUNGEN

In den folgenden Anmerkungen lege ich Begriffe und Namen vor, die in einigen Gedichten des vorliegenden Buches Verwendung finden. Die Erläuterungen geben einen kleinen, informierenden Einblick, soweit er für das Nachvollziehen bestimmter Versaussagen behilflich sein mag.

Erich Meyer

Begriffe und Namen

Äon (grch.) – s. Gedicht „spüre – lebe" :
in der Antike als Gottheit verehrt; Personifkation der Ewigkeit.

Blaue Blume – s. Gedicht „zur traumgeweihten nacht" : Dieser Begriff kann im Sinne des Symbols der Suche nach der Erfüllung der Sehnsucht nach Liebe und Lebensglück, nach Erkennen und Weltensinn verstanden werden, in Anlehnung an das romantische Moment nach Novalis' Roman „Heinrich von Ofterdingen"(posthum herausgegeben im Jahre 1802).

Helios (grch. „Sonne") – s. Gedicht „sommertag" : griechischer Sonnengott.

Malachit (Edelstein) – s. Gedicht „wie ein malachit" : vielseitig interpretierter Edelstein; wurde geweiht in vielen Kulturen, so als Stein der Zuversicht, der Hoffnung, des Glückes, der Harmonie, der Liebe.

Melancholia – s. Gedicht „zur traumgeweihten nacht" :
als Personifkation der Melancholie zu verstehen,
vor dem Hintergrund einer besonderen Auslegung dieses Begriffes (s. Gedicht).

Mondbaum – s. Gedicht „vom mondenbaum" :
Der Mond mit seiner Faszination zur Nacht hat stets die Menschen verschiedenster Kulturen gleichermaßen im Tiefsten berührt und Mythen und Sagen entstehen lassen. So wurden z.B. Feen und Elfen tanzend unter dem Kirschbaum im Mondschein geschaut. Im Silberschein des Mondes glänzte zur Nacht der glatte Stamm des im weißen Blühen stehenden Kirschbaumes. In den Sagen der Völker, so in denen der Antike, der Germanen oder der Asiens, steht der Kirschbaum eng mit dem Mond in Verbindung. Er gilt und galt als Mondbaum. Das Blühen, Wachsen und Reifen, das Fallen der Kirschbaumblütenblätter zauberte die Fantasie der Menschen hervor. Attribuierungen wie Reinheit, Allweiblichkeit und die Röte der reifen Frucht berührten die Seelen der Menschen ebenso wie der glänzende Mond, sein Werden und Abnehmen, seine letzte Unergründlichkeit am Firmament. Das Geheimnisvolle der Nacht, die Unerreichbarkeit des eigentlichen Silbermondes, das mystische Gebaren erweckten schließlich auch das lyrische Wort.

Najaden – s. Gedicht „sonnenträume" :
nach griechischer Sage Nymphen (weibliche Gottheiten niederen Ranges) an den Wassern, attribuiert mit der Pflanze Frauenhaar als Symbol von Liebreiz und Verführung.

Persephone – s. Gedicht „narcissus poeticus" :
nach griechischer Sage Tochter der Demeter, der Göttin des Wachstums, der Ernte und der Fruchtbarkeit, der Saat und des Getreides. Erfüllt vom Liebreiz der Persephone, entführte Hades, der Gott der Unterwelt, nach Plan des Zeus' die junge Persephone durch einen Erdspalt in sein Reich,
während sie nach den wunderbar duftenden, weißen Narzissen griff. Es begann das Klagen der Persephone.

Viriditas – s. Gedicht „sommertag" :
Wortschöpfung der Mystikerin Hildegard von Bingen (1098-1179); Inbegriff der allem innewohnenden (Grün-)Kraft/Energie (viridis -lat.- = grün).

DANK

An dieser Stelle bedanke ich mich sehr herzlich bei
Herrn Helge Adolphsen, Hauptpastor em.,
dem früheren Hauptpastor an der St.-Michaelis-Kirche zu
Hamburg, für das Schreiben eines Vorwortes zu meinem
vorliegenden Gedichtband.

Für die Bereitstellung von Bildmaterial danke ich
Frau Birgit Kuntz aus Hamburg.

Erich Meyer

KONTAKT

E-Mail Erich Meyer:
erich.2005@freenet.de

VITA

Erich Meyer
*1946 in Hamburg

Studium
Erziehungswissenschaften, Sonderpädagogik
Oberstudienrat an Sonderschulen i.R.
Schreibt vorwiegend Lyrik,
bisher erschienen:

spüren – *lyrische Verse*
Norderstedt 2005 ISBN 3-8334-2770-1

HAIKU
Norderstedt 2013 ISBN 978-3-8482-3767-8

OGENBLICKS *44 plattdeutsche Gedichte*
Zweite, veränderte Auflage Norderstedt 2016
ISBN 978-3-8482-3766-1

TANKA
Norderstedt 2016 ISBN 978-3-7431-0686-4

die welt in vielen farben
Norderstedt 2017 ISBN 978-3-7448-7707-7